AF340772

LETTRE

A SA MAJESTÉ

LOUIS XVIII,

SUR LA CONSTITUTION DE 1814,

ET LES BIENS DES ÉMIGRÉS ET DES CONDAMNÉS.

———

A LONDRES,

De l'Imprimerie de R. Juigné, 17, Margaret Street, Cavendish Square.

CHEZ LES LIBRAIRES FRANÇAIS.

1815.

LETTRE AU ROI,

PAR

M. L'Abbé Lafont d'Aussonne,

Auteur de l'Histoire de Madame de Maintenon,

Fondatrice de St. Cyr.

Haud ignara mali, miseris succurere disco.—Œneid.

Londres, le 10 Mai, 1815.

Sire,

L'histoire de Madame de Maintenon, écrite avec l'accent du cœur et de la vérité, m'a mis au rang des Historiens de Louis XIV. J'ai célébré, dans le stile qui leur était convenable, les rares qualités et les vertus de ce Grand Roi. Sous le règne même de l'Usurpateur, j'ai dit à la jeunesse française qu'elle était née au milieu de la subversion générale, et que nos pères, plus heureux que nous, avaient vu sur le trône, un Monarque habile, dont le regard imposant et affectueux commandait l'amour et le respect, dont la vigilante sévérité savait comprimer les factions et maintenir la liberté publique; un Roi patriarche, qui gouvernait les Français comme son immense famille, honorait la Noblesse, premier appui du trône, respectait le Clergé, dispensateur des consolations et de la morale évangélique, favorisait le commerce et l'agriculture, ces grandes sources du travail et de la prospérité, récompensait noblement les hommes de génie, proscrivait les innovations et les systêmes des esprits malades ou pervertis, et pendant plus de soixante années régit et administra son empire, comme avaient fait Henri **IV**, et Louis **XII**, et Saint Louis.

J'ai dit à la jeunesse française, que le véritable *Honneur* est dans la droiture et la fidélité ; que les ambitieux sont les plus méprisables des hommes ; que les grandeurs subites et de circonstance ne sont que de grands ridicules ; que les peuples n'aiment à révérer que des Rois d'origine royale ; que Madame de Maintenon, à force d'être équitable et française, ne permit jamais à son Prince de la couronner. J'ai dit, et j'ai répété de mille manières, que le bonheur ne se trouve que dans la paix, et que la paix est le fruit du dévouement filial et de l'obéissance. En un mot, Sire, j'ai voulu faire revivre chez un peuple égaré, les maximes fondamentales de l'ordre social, et j'ai paré de ses magnifiques ornemens l'antique Monarchie.

Mon livre n'a trouvé de contradicteurs que parmi les Verrés effrontés et les barbares philosophes. Mais la saine partie de la nation l'a reçu avec le plus tendre intérêt. Et, dès lors, j'ai conclu que la France n'avait point cessé d'être monarchique au fond du cœur, et qu'elle verrait avec joie se relever et se raffermir le trône majestueux de vos Ancêtres.

Sire, une grande faute a été commise : mais la Nation ne vous l'impute pas. Elle sait qu'après un exil de vingt années, vous fûtes ramené au milieu de nous par des rebelles mal convertis, et que la prudence humaine vous fit signer un traité, où peu d'articles étaient rédigés à votre avantage et au nôtre.

L'amour et les regrets de vos nombreuses provinces vous ouvraient, de nouveau, les palais de vos aïeux, et les rebelles, naguères armés contre vous, prétendirent vous persuader que votre rappel n'était que leur ouvrage. Ils vous contraignirent à sanctionner leurs folles grandeurs et leurs rapines ; ils voulurent vous imposer une **Loi Fondamentale**, et une véritable **Prestation de foi** ; ils exigèrent que vous seriez honoré par eux, servi par eux, conseillé par eux, défendu exclusivement par leur zèle et par leurs épées.....

........Le mois de Mars avait vu leurs engagemens : le mois de Mars a vu leur loyauté courageuse!..... Tirons le rideau de la haine et du mépris sur cet excès de crime et de bassesse, que les gens de bien avaient eu la longue douleur de prévoir, et que les nations étrangères refusent presque de croire, tout en songeant à les punir.

Sire, la violation du traité d'alliance vous a rendu votre liberté première. Les Français, dans le court espace d'une année, ont appris tout ce qu'on leur cachait depuis vingt ans. Ils ont su que vous existiez ; que la nature et l'éducation vous ont donné un esprit étendu, un cœur aimant, le goût du travail, la connaissance de nos besoins, la science auguste de vos devoirs, et une âme pure et royale. Ils vous ont vu populaire avec dignité, attentif et poli pour les malheureux de toutes les classes, laborieux au milieu de la douleur et des souffrances, religieux par conviction, tolérant par sagesse, conciliateur, même au risque de vos intérêts. Ils ont su que la fortune publique avait trouvé en votre personne un dispensateur judicieux, un solide appui, un économe fidèle ; il leur a été doux et glorieux de reconnaître que les Rois de l'Europe estimaient votre probité, se confiaient à vos lumières, et vous honoraient comme l'Arbitre du siècle présent. Un peuple convaincu de toutes ces choses ne saurait vous être enlevé, Sire. Une armée de faibles et de parjures vous a séparé tout à coup de vos enfans; mais dans les villes et dans les campagnes, sous les lambris dorés, et dans les plus humbles chaumières, on déplore votre infortune; dans les temples, et dans le sein des familles, votre nom est l'objet de tous les vœux, de toutes les prières; et les plus pauvres de vos sujets se sont réservé une de vos effigies royales, pour la contempler et pour la bénir. Leur affliction aura un terme, et le ciel ne permettra pas qu'un rebelle et qu'un assassin avilisse long-tems la majesté du trône. Vous régnerez, Sire, parce que c'est à vous à régner, et que les peuples vous demandent. Proclamé de nouveau par la victoire et par la fidélité, n'oubliez pas, en un instant, la plus criminelle des injures et le plus punissable des attentats. Auguste représentant de la Divinité elle-même, sachez séparer les justes et les hommes de sang. Un Roi doit être bon, mais il ne lui est point permis d'être débonnaire. S'il est indulgent aux malfaiteurs, il devient funeste et cruel aux hommes de bien; il donne de l'assurance et de la consistance aux pervers; il attriste et décourage les cœurs vertueux, et il met dans les mains de la férocité cette colonne de force qui ne devait appartenir qu'à la seule justice. Sire, une grande victime se présente à vous du haut des cieux, et vous montre les taches de sang dont sa robe éclatante est couverte. Ne transigez pas avec les méchans : leurs traités ne sont que des pièges; leurs caresses que

des amorces ; leur soumission que de la duplicité :
Ils proclamèrent Louis XVI *Restaurateur de la liberté
publique*....Et ils le poussaient vers un échafaud ! !
Ce Prince, de douloureuse mémoire, permit qu'il fût
porté atteinte à la Loi Fondamentale de l'Etat ; de
hardis novateurs, abusant de la généreuse candeur de
son âme, voulurent *modifier* la Monarchie, et la mettre
en rapport, disaient-ils, *avec les lumières du siècle* !
.....Lumières fatales ! torches brûlantes et incen-
diaires, qui ne demandaient qu'à toucher l'édifice pour
l'embraser et le dévorer.   Non, Sire, ne vous y trompez
pas, tous ces hardis prôneurs des *lumières du siècle*
ne sont autre chose que des factieux, hypocrites et
voilés.   Et que savent-ils, après tout, de plus que nos
ancêtres ?   Connaissent-ils la nature des élémens ?
Savent-ils à fond de quel ténébreux mystère sortent la
maladie et la santé ?   Peuvent-ils prévoir l'instant de
la mort, et suspendre ou paralyser sa puissance ? Nous
diront-ils la matière du soleil ? le véritable état du
vaste firmament ? le régime intérieur du globe ter-
restre ?....Eh ! que leur demanderions-nous sur ce
qui se passe loin d'eux ? ils ne se connaissent point
eux-mêmes.   Les *lumières du siècle* leur ont-elles
appris seulement à distinguer leurs véritables intérêts ?
L'homme, en général, recherche l'estime et la louange :
et ils se sont follement ouvert une carrière où ils n'ont
trouvé que les malédictions et le mépris.   Ils se sont
donné, par le brigandage, des fortunes qu'il leur est
impossible de posséder en paix, et qui les tiennent sur
une défensive et une alarme continuelles.   Ils ont
aboli la noblesse, *comme injurieuse à l'homme* : et
pour obtenir quelque lueur de considération, ils ont

été réduits à se faire nobles eux-mêmes! Ils avaient proclamé la République Universelle : et ils se sont donné un Empereur! Ils ont tué le meilleur des Rois : et ils ont ployé le genou devant un antropophage! Plus tard, ils ont reconnu le Prince légitime, qui dans sa clémence, leur laissait et la vie et leurs biens : et voilà qu'en leur délire ils ont rappelé l'antropophage, qui n'aura que le tems d'attirer sur eux la vengeance de l'Europe entière, et la spoliation, et la mort : Oh quelle est admirable, en effet, la profondeur et la pénétration des *Lumières du Siècle !*

Sire, j'ai écrit l'Histoire de votre Aïeul immortel ; et, je ne dois pas vous le dissimuler, j'écris aussi la vôtre. Je vous aime, parce que vous êtes le descendant de Henri IV, et le fils du vertueux Dauphin ; je vous aime, parce que vous êtes le frère de l'infortuné Louis XVI, pour qui j'ai versé tant de pleurs ; je vous aime parce que vous êtes mon Roi légitime, et un bon Roi. Mais si Votre Majesté persiste à donner à la France une autre Constitution que la Constitution de Louis XIV, je déplorerai jusqu'à mon dernier soupir une résolution, funeste à votre Royaume, funeste à vous-même, et que vos ennemis seuls ont approuvée et louée, pour vous perdre et vous précipiter. *Toutes les fois qu'on s'éloigne de la règle*, disait Louis XIV, *on ne sait plus ni où l'on va, ni ce qu'on fera.* Cette parole, simple et caractéristique, nous peint d'un seul trait tout le génie de ce grand homme. En effet, Sire, à quoi aboutissent les changemens? à des changemens nouveaux. L'homme, de sa nature, n'est que faiblesse et imprévoyance. Je suppose un monarque destiné à occuper le trône pendant un grand nombre d'années ;

s'il donne à ses peuples une organisation nouvelle, *une nouvelle Constitution*, il voudra réformer ce que l'usage et l'expérience annuelle lui présentera de défectueux, et cette volonté sera dans la justice. S'il change et retouche son propre ouvrage, les Frondeurs, les mécontens, les écrivains *libéraux* le taxeront d'ignorance prouvée, d'hésitation, de légèreté. Les autres, plus respectueux, obéiront en silence, mais ne s'attacheront pas, du cœur, à un régime qui pourra varier encore de jour en jour. Rien ne fatigue autant les peuples que l'incertitude et l'instabilité. Depuis 25 ans, que de lois mobiles n'avons-nous pas vues ! Autant de secousses, autant de Constitutions ; autant et plus de Constitutions que de Factieux en chef et de grands personnages. Mais la Charte fameuse de l'Assemblée Constituante fut rimée en Vaudevilles : et, dès-lors, on ne sut plus que rire et plaisanter de tout ce que firent en ce genre les Novateurs. Sire, ne vous attachez point, de grâce, à redonner aux Français la Charte de 1814. Je vous l'atteste avec une respectueuse assurance : j'ai vu qu'elle déplaisait à toutes les classes, et que personne ne croyait à sa durée possible, à sa stabilité. Elle associe les inconciliables. Elle anéantit la Pairie en la prodiguant. Elle sappe l'existence des Ordres, que des mandataires infidèles ont détruits, mais que la nation n'a point cessé de reconnaître. Elle met le Monarque en tutelle ; elle organise la Fronde et les déclamations de la tribune ; elle est anti-monarchique ; elle a un air de démocratie qui fait frémir ; elle prépare à vos Successeurs des secousses inévitables.

Les Français d'aujourd'hui, accablés et ruinés par

une révolution de 25 ans, soupirent, non après des sys-
tèmes métaphysiques, mais après l'indépendance per-
sonnelle et la douce paix. Dans tous les états, dans
toutes les familles, on n'a qu'un seul projet, qu'une
seule perspective : l'amélioration, ou le rétablissement
d'une fortune renversée. Nul n'attache d'importance
au métier de législateur, déshonoré si long-tems par les
lâches ou les pervers qui l'exercèrent. En France,
tout le monde invoque un Roi, qui consente à être
Roi lui-même, à être Roi lui seul, et à gouverner ses
fidèles sujets avec la douceur et la tendre sollicitude
d'un père. Nous n'avons aucune crainte, aucune
méfiance, tant que le sceptre de St. Louis et d'Henri
IV sera dans les mains d'un Bourbon. Ah, Sire,
nos membres sont encore tout meurtris des chaînes
que nous fit supporter le Corse : et nos livres nous rap-
pellent, au contraire, que Louis le Grand, forcé de ré-
sister à l'Europe liguée, défendit à son Ministre de
proposer la mort contre les déserteurs. Voilà ce que
des livres nous apprennent ; mais ce que les contem-
porains eux-mêmes nous ont dit, c'est que Louis XVI,
parvenu au trône, abolit, de son pur mouvement, le
supplice effroyable de la Question, et que les Etats-
Provinciaux furent un des bienfaits de sa belle âme et
de son règne.

Hâtez-vous, Sire, hâtez-vous de répudier et de rendre
au néant toutes ces frontières départementales que des
factieux habiles semèrent avec profusion sur la vieille
France, pour y éteindre les noms héroïques des provinces, qui rappelaient aux peuples l'antiquité de leur
origine, comme de leur fidélité. L'histoire de France,
qui n'est autre chose que l'histoire de nos pères et de

vos aïeux, n'était plus à la portée des générations nou-
velles ; l'Angoumois, le Berri, la Provence, l'Artois,
étaient devenus des noms énigmatiques dans nos écoles,
et les enfans adoptaient de préférence les livres mo-
dernes, où ils trouvaient le département du Mont-
Tonnerre, le département du Mont-Terrible..... et tout
à côté l'EMPEREUR. Sire, vous êtes le Roi de France
et de Navarre : Ne permettez pas que la Navarre soit
plus long-tems dépouillée de son aimable nom.

Les Parlemens, ces corps antiques et intermédiaires,
dont la mission était de donner la justice aux peuples,
et de sages conseils aux Rois, ont péri, victimes de leurs
protestations courageuses. Ces magistrats vénérables,
traînés malgré leur âge et leurs infirmités, de toutes les
extrémités de la France, vinrent ouïr leur arrêt de mort
sous les mêmes voûtes qu'une grande Reine avait sanc-
tifiées par ses humiliations. Réunis au Parlement de
la capitale, ils allèrent au supplice, avec le souvenir de
leur généreuse et fatale imprudence, mais avec la paix de
leur âme innocente, et l'estime des bourreaux consternés.
Sire, avec vos Parlemens tombèrent alors la science
des lois, l'éloquence du barreau, l'équité, la modestie
héréditaires, la pompe de la justice, le désintéresse-
ment de la magistrature, l'espoir sacré de l'innocent et
de l'orphelin. Depuis cette hécatombe générale, il est
impossible de ne pas l'avouer, la Justice a perdu son
prestige moral, et toute sa considération. A côté d'un
petit nombre de juges respectables, on voit une majorité
de factieux, de rénégats, d'hommes sans mœurs et sans
principes. Les tribunaux sont avilis ; et le criminel, sur
la selette, ne craint pas d'offenser ces mêmes juges qui
peuvent, en un instant, le dévouer à la mort. Pourquoi

ce mépris, pourquoi cette mésestime générale? Sire, c'est que la populace, elle-même, est dédaigneuse: et que son instinct la porte à ne révérer ni ses égaux, ni les noms flétris. Comme Chef Souverain de la justice, vous détruirez un aussi grand mal. Les tribunaux absolvent ou condamnent en votre Nom : Vous ne confierez votre mandat qu'à des hommes irréprochables. Les juges qui ont favorisé l'Assassin de Septembre, provoqueraient un nouveau Septembre, s'il en était besoin. Ils ont absous l'apôtre du régicide, ils deviendraient régicides eux-mêmes, si leur atrocité pouvait en saisir l'occasion. Ah, si le jour où Paris tout entier salua de ses acclamations votre présence au milieu de nous et votre autorité renaissante, vous eussiez, par un édit solennel, rendu les Parlemens à la France, de quels nobles et puissans boulevards vous eussiez fortifié la Majesté suprême! Les factieux auraient pâli devant ces corps sévères qui sûrent déjouer les Ligueurs, et se prononcer, au milieu des poignards, pour Henri III, et pour Henri IV. Bonaparte n'aurait pas fait dix lieues sur le territoire, si le Parlement de Provence eût existé.

Sire, les implacables ennemis du Clergé de France l'ont persécuté, même depuis votre avénement. La longue habitude du malheur et de l'humiliation lui a fait supporter sans murmure ce nouvel outrage, qui n'était pas connu de son Roi ; et ses prières désintéressées n'en appelaient pas avec moins d'ardeur sur vous et sur votre règne les bénédictions du Très-Haut. Un Ministre, que le public croyait dévoué par état à la cause des autels et du sacerdoce, n'a voulu protéger ni le sacerdoce ni les autels. Entouré d'apostats, et leur prodiguant sa confiance intime, il a mis tout son zèle à décourager les humbles pasteurs. Il les a constamment abandonnés aux indécentes vexations de l'autorité municipale, et dans le long espace d'une année, il leur a donné pour leur subsistance une somme dérisoire de 250 francs! Telle a été la conduite de l'Abbé de Montesquiou. L'Usurpateur, à son retour, a fait semblant de le proscrire ; mais cette proscription ne saurait aveugler personne. Votre ministre de l'intérieur, n'eût-il rendu au Tyran d'autre service que de lui avoir conservé ses meilleurs préfets, et la plupart de ses maires, ils sont amis quoiqu'ils en disent : Les faits parlent plus haut que les discours.

Un Ministre honnête homme* avait reçu de vous le porte-feuille de la guerre ; l'audace des soldats, venus à Paris pour le braver, le fit accuser, un instant, de faiblesse : Vous fûtes contraint de lui donner un successeur ! et quel successeur !!.... A dater de ce jour, Sire, vous avez été sans ministres, autour de vous : car la droiture, sans l'énergie et l'active méfiance, ne constitue point l'homme d'état.

Sire, les peuples se passionnent pour leurs souverains, respectables et respectés. Les sincères amis de l'ordre, et de la puissance qui le fait naître, n'ont pu voir sans douleur cette licence des journaux, tout à coup reportée à son comble. Vous étiez offensé, chaque jour, sous les yeux de vos *Censeurs* et de vos Ministres, qui toléraient assidûment cette nuée d'inculpations et de gravures humiliantes. Actif et confiant, au sein

---

* Le Général Comte Dupont.

de votre palais, vous ne soupçonniez pas que *la liberté* donnée par vous, était redevenue la liberté de quatre-vingt-treize ; et que le moment approchait où du droit de tout dire on passerait aisément au droit de tout oser. Ils vous ont banni, à soixante ans, de votre capitale et de votre empire. Ils ont réduit l'Héritier du trône à capituler devant eux. Ils ont rejeté sur les terres étrangères cette auguste et douce orpheline, pour qui l'océan furieux a daigné modérer ses vagues. Ils ont de nouveau proscrit toute votre Famille généreuse ; ils ont prononcé contre elle et contre vous une abominable sentence de confiscation et de mort !.... Après de tels excès, entendrons-nous parler encore de *la Liberté de la Presse !* Et faudra-t-il que pour sauver *un principe* orgueilleux, la France périsse, et l'Europe avec elle !

L'éducation publique était l'ouvrage du plus méchant des hommes : il l'avait marquée du sceau de sa barbarie et de son impiété. Donnant l'essor à toutes les passions dès l'enfance même, il voulait qu'un adolescent épuisât en un jour les jouissances de la vie, afin qu'il pût tout délaisser avec indifférence, et se précipiter vers les combats et vers la mort. Ne pouvant rappeler à la lumière tous ces infortunés que nous avons perdus, votre sagesse, du moins, préservera ceux qui vivent encore ; et tous les pères vous béniront, un jour, pour avoir laissé la vie à leurs enfans, et leur avoir accordé, de plus, une éducation solide et chrétienne.

Cette éducation indispensable, vous aviez résolu, Sire, de la donner plus directement, et sur vos largesses royales, à ces nombreux orphelins que la France en deuil vous a présentés ; ils ont perdu les tristes auteurs de leurs jours dans les plaines de Jalez, dans les gorges de la Vendée, dans les bataillons de nos Princes, ou sur les sanglans échafauds. Destinés par leur naissance à toutes les douceurs de la vie, ils n'ont connu, dès le berceau, que le dénuement et les privations. Adoptez-les, Sire. Dans ces âmes bien nées l'amour du Monarque est fondu avec l'existence. Leurs pères sont morts pour votre Famille et pour vous : ils ne demanderont, eux aussi, qu'à tout braver pour votre cause ; et peu à peu la France verra renaître l'héroïsme des Chevaliers Français.

Refusez d'écouter, Sire, et repoussez bien loin de vous, ces égoïstes méprisables qui oseraient vous répéter encore que les titres des Emigrés et des Condamnés ne sont point des titres sacrés à vos yeux. Les émigrés ont tout quitté, jadis, pour s'associer à votre cause : ils ne perdirent leurs honneurs et leurs biens que pour avoir défendu votre personne et vos droits. Durant leur sombre et laborieux pélérinage, leurs épouses, leurs filles sans appui, leurs mères infirmes ont langui dans la misère, ou expiré sur les échafauds. Les antiques manoirs de leurs aïeux sont devenus la proie des ambitieux démagogues. La charrue de l'usurpation a bouleversé avec fureur ces héritages vénérables, où vinrent achever leur carrière les compagnons de St. Louis. Avoir servi les rois vos aïeux était un crime ; avoir juré de mourir en vous servant, était un crime plus impardonnable encore. Avoir consacré sa vie à Dieu dans les austérités du cloître, était une folie digne de l'exil ; avoir obéi à cette loi d'exil, était un acte de fuite et de désertion. Les cénobites solitaires, les vierges timides, les ministres actifs du sacerdoce furent mis à mort s'ils ne fuyaient, et dépouillés de *leurs biens personnels* s'ils avaient pris la fuite. Telle a été l'origine des Biens Nationaux.

Sire, la Providence vous a conservé, pour être le réparateur de ces énormes injustices. Les larmes ont coulé par torrens ; elles coulent encore ; c'est à vous qu'il appartient de les tarir, et de répandre en tous lieux le baume consolateur. Les détenteurs de mauvaise foi jouissent depuis vingt années ; et depuis vingt années les familles les plus respectables ne se nourrissent que du triste pain du voyage et de l'aumône. N'est-il pas tems enfin que la légitimité reprenne son cours ! Les acquéreurs insatiables ont dissipé les mobiliers, vendu les hautes futayes, exploité les forêts, démoli par spéculation et les châteaux et leurs brillans accessoires. Ils ont recouvré cent et cent fois la faible somme qu'ils nomment *leur mise*, et dont ils font tant de bruit. Mais qui les excitait, après tout, à ces acquisitions téméraires, si ce n'est leur imperturbable avarice, leur inhumanité profonde, et leur coupable improbité ! ils invoquent aujourd'hui *leur titre légal !* Et le titre de la famille dépossédée ne fut-il point *légal,* aussi, dans son antique origine, et légitime, ce qui est bien plus respectable à tous les yeux ? On allégue *les mutations* ; mais les mutations ont-elles purifié le larcin ? Un vase sacré a-t-il cessé d'appartenir au tabernacle, parce qu'un orfèvre impie l'aura reçu des mains du premier voleur ! Les mutations ne prouvent rien. D'ailleurs, elles n'ont eu lieu que sur les biens de l'Eglise : les biens des familles proscrites sont presque tous dans les premières mains. On allégue *les dots,* assises sur les domaines usurpés, " et il faut

" ménager, nous dit-on, les intérêts des gendres."
Eh quoi, les dots des veuves et des épouses proscrites
ne reposaient-elles point, aussi, sur ces mêmes domaines, qu'elles avaient agrandis ou conservés ?   Les
dots de ces épouses, de ces veuves déplorables, n'avaient-
elles point sur les vôtres l'avantage manifeste de la
priorité ? Vous avez arraché, d'un œil sec, et ces
épouses, et ces veuves tremblantes, des habitations
splendides où vous régnez aujourd'hui ; elles ont
invoqué *leur dot,* et vous leur avez répondu par des
chaînes ! Vous fûtes cruels et impitoyables, et vous
voulez nous attendrir aujourd'hui !... Soyez heureux
de la clémence royale, portée à son comble. On vous
pardonnera votre insensibilité, vos dévastations, votre
lucrative jouissance de vingt années ; mais vous resti-
tuerez le principal ; ainsi l'ordonne la justice humaine.
La justice de Dieu sera plus rigoureuse : car le Roi
des Rois n'est pas obligé de composer avec les malfaiteurs.

Au reste, les défenseurs de l'usurpation affectent de
ne voir que des gentilshommes dans les émigrés ou les
condamnés. Hélas ! ils savent, cependant, que la per-
sécution et la mort s'acharnèrent sur toutes les classes.
Au sortir de l'adolescence, j'ai habité les cachots de
Robespierre, et j'ai vu dans la vaste prison du Plessis
de pauvres paysannes de la Vendée, que la Maréchale
de Duras secourait avec tendresse, et qui furent déca-
pitées, peu de jours après.

Sire, en reprenant votre autorité, reprenez-la toute
entière. Ne confiez qu'à Dieu vos desseins et vos
nobles projets. Guidé par son inspiration, et par votre
bonté paternelle, vous fermerez peu à peu les blessures

innombrables que nous ont faites les méchans. Vous les réduirez à l'inaction, à l'isolement, à l'impuissance de nuire. Le peuple Français est bon et généreux : mais peut-être se reconnait-il, lui-même, un peu frivole. Ne souffrez pas qu'il délibère sur les grands intérêts de l'Etat. Des factieux, doués du charme séducteur de l'éloquence, ne tarderaient pas à susciter parmi nous des schismes politiques, et nous gémirions bientôt sur de nouveaux malheurs. Les Anglais sont plus calmes, plus raisonnables, plus religieux que le peuple de vos grandes villes ; et, d'ailleurs, c'est, ici, l'opulente noblesse, qui aide le Prince à maintenir le bon ordre et les lois. Sire, la Charte de 1814 fut le résultat, non de votre volonté royale, mais de vos ménagemens pour des hommes redoutés. Leur défection l'a renversée de fond en comble : en voulant vous détruire, ils vous ont fait Roi. Restituez à nos vœux la Constitution de Louis XII et d'Henri IV. Avec elle ils furent adorés de leurs peuples : elle seule vous immortalisera. Tout autre don n'obtiendrait que notre obéissance : Le don d'une Monarchie *Française* obtiendra notre reconnaissance et tout notre amour. Sire, en voyant les pleurs de la veuve de Naïm, Jésus ne songea point à la consoler par des libéralités étrangères. Il lui redonna ce même fils qu'elle pleurait : et il la rendit la plus heureuse des mères.

De l'Imprimerie de R. Juigné, 17, Margaret Street,
Cavendish Square.

NOTES.

———

———

La trahison des officiers-généraux que le Roi avait comblés de ses politesses et de ses faveurs, ne leur a point valu l'enthousiasme de l'armée. Nous apprenons de France que le Maréchal NEY est devenu l'exécration des soldats. On le sifflait ouvertement aux revues ; on l'accablait d'invectives et d'outrages : Bonaparte a été contraint de lui retirer sa confiance, et Ney a disparu de la scène du monde : il cache son opprobre dans quelque lieu solitaire, où la honte de son crime l'aura seule accompagné.

———

J'ai dit que le véritable Honneur consistait dans la fidélité, et que les Familles parlementaires étaient animées essentiellement de cet honneur monarchique et héréditaire. Voici des détails qui prouvent mon assertion, et que l'Europe entière doit connaître, pour les transmettre à la postérité.

M. le Président Séguier, descendant du célèbre Chancelier de France, a refusé d'aller, à la tête de la Cour royale, complimenter et saluer l'usurpateur. Bonaparte l'a mandé aux Tuileries, pour lui reprocher sa conduite, et l'intimider, s'il était possible. M. Séguier, lui a répondu : " *Général, je ne puis servir deux Maîtres : j'appartiens à mon Roi.*" Bonaparte a exigé qu'il l'apelât *Sire.* Le Président a persisté à ne le nommer que *Général.* Napoléon, furieux, lui a dit : " Je vous destitue, et vous ordonne de sortir de Paris aujourd'hui même." " *Vous hâtez mon départ de 24 heures, a répliqué le Magistrat, car j'avais donné des ordres pour aller demain dans mes terres.*"

www.ingramcontent.com/pod-product-compliance
Lightning Source LLC
LaVergne TN
LVHW020106070726
842525LV00018B/2018